banhei minha mãe

banhei minha mãe

Alex Cerveny
desenhos
Beto Furquim
poemas

1ª edição | São Paulo, 2018   LARANJA ORIGINAL

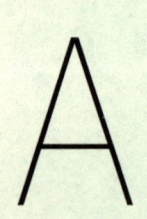

[SUMÁRIO A]

- 12 aonde for
- 14 siesta
- 16 , pai
- 20 barcaça
- 22 húmus
- 24 gol
- 26 íngreme
- 28 pacote
- 30 menina das cores
- 32 que conste também
- 36 canção amarela
- 38 marielle franco e os atiradores
- 40 enquadramento
- 42 lá
- 44 bico da noite
- 46 aromática
- 48 sununga
- 50 cisma
- 52 impassível
- 55 poetphone
- 56 reverta

Aos pais e mestres
Aos parentes e amigos
Aos prós e aos contras
Ao raio que o parta

Alex Cerveny

aonde for

mamãe, você não pode sair
porque não sabe voltar
— mas eu sei ir.

maman, tu ne peux pas sortir
porque no sabes volver
— but i know how to go

mama, du kannst nicht ausgehen
perché non sai come tornare
— но я знаю, как идти

ママ、あなたは出ることはできません
เพราะคุณไม่รู้ว่าจะกลับมาได้อย่างไร
— 但我知道如何去

أمي، لا يمكنك الخروج
כי אתה לא יודע איך לחזור
اما من می دانم که چگونه می روم

— pero 我 know comme andare.

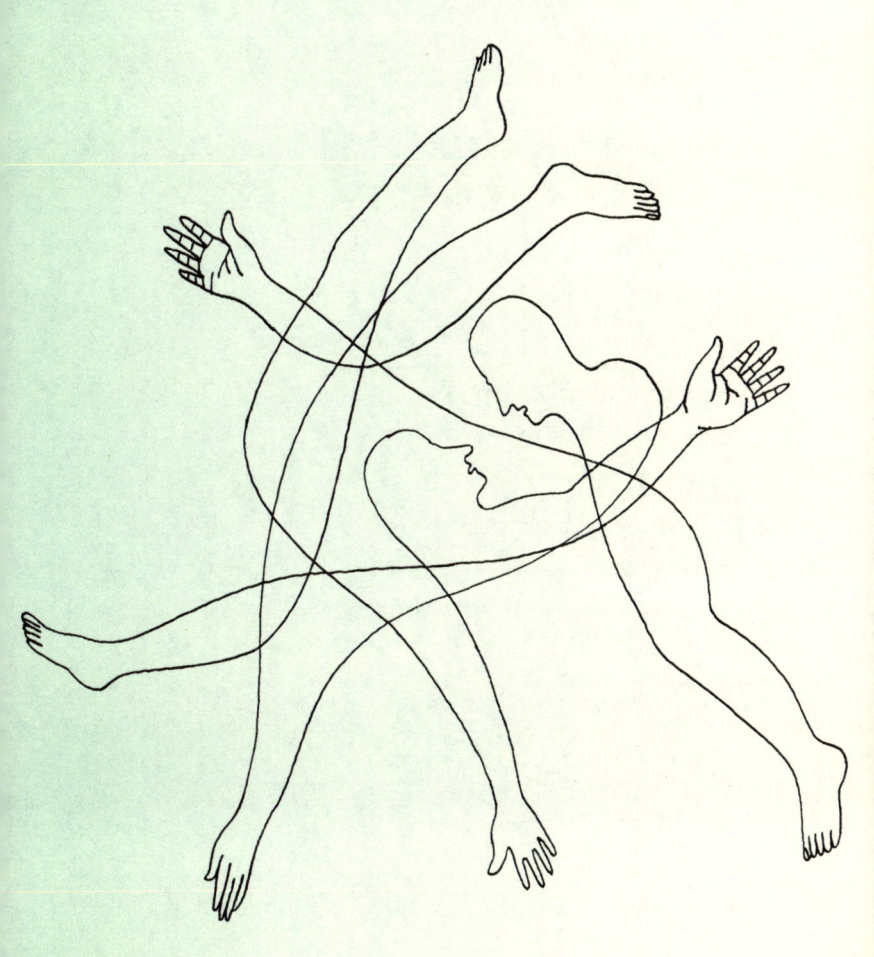

siesta
---

o tempo
nada testa tão inutilmente sua elasticidade
como o sono da tarde.

nada o prolifera ou o turva tanto
rolo de pergaminho que se empastela em selvas
vales de mudez que não conduzem...

nada o segmenta tão insistentemente
em réplicas em ângulos em luminosidade

nada difere tanto do sono
como o sono da tarde.

nada me indiferencia tanto do almoço —
a escuridão do almoço
come o sono da tarde
e o sono da tarde a apaga
e a inunda de nunca.

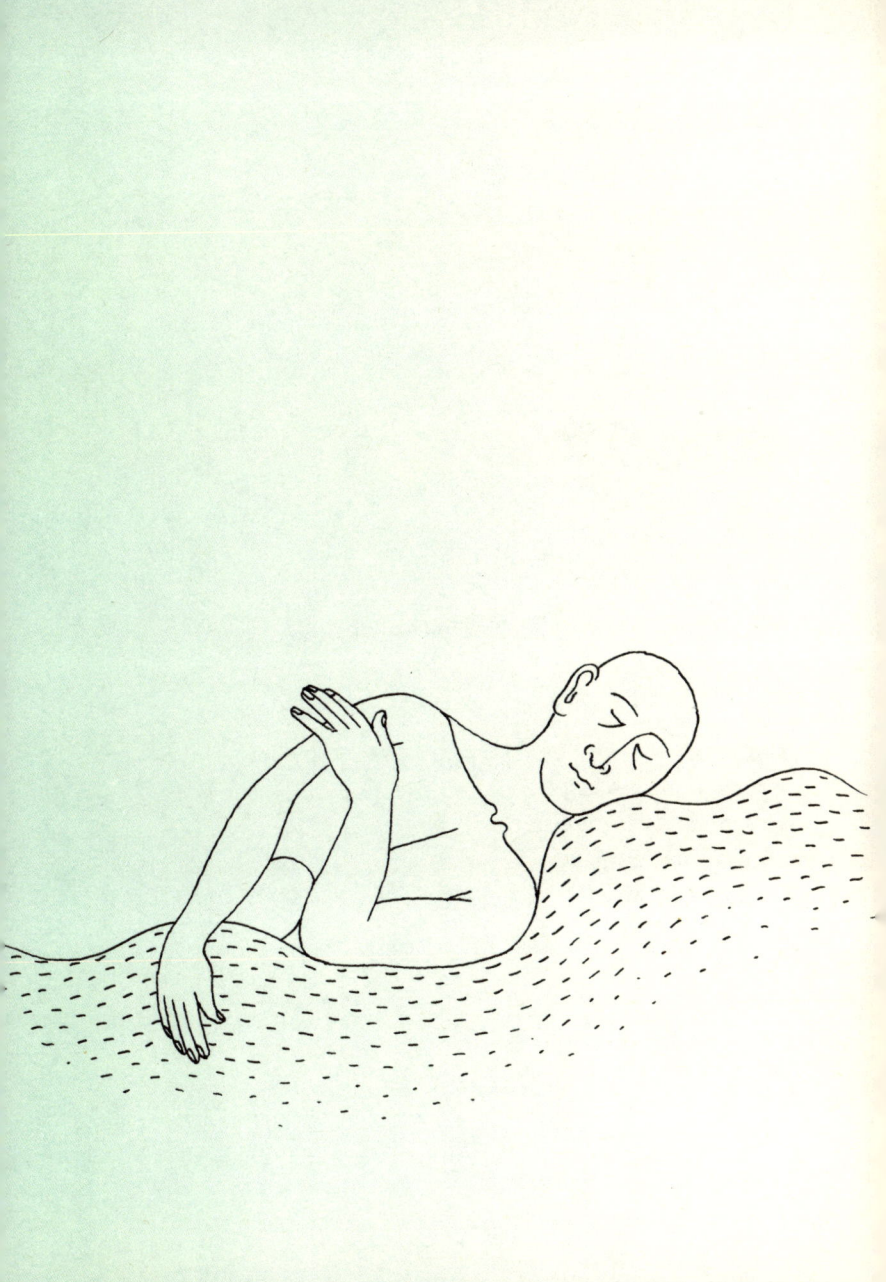

, pai

não sei se foi hoje
ou ontem
e ainda ressoa:

    obrigado pelo apoio, pai.

pai
sou eu
era meu o whatsapp
e era plausível
o agradecimento.

mas foi como um neologismo:
pai
não sei se já tinha reparado nesse som
de madeira e sino
de sino de madeira.

sou pai
nem sei como é isso
se tenho os requisitos
mas fui admitido
ganhei a senha
ela é minha.

pai

tantos dias enormes
perpendicularmente
contra a tempestade de areia
com os olhos lanhados
de estancar o fluxo
apenas interrupto
das lágrimas.

pai
também quero
será que tenho
pai?

um dia você nasceu
os olhos enormes azuis abertos sedentos
e eu bebendo diadorim na espera infinita
e esses olhos, esses olhos
bebendo o mundo.

mundo amargo demais e pai não entende
ri quando não cabe riso
pai afrontoso,

chega de pai
pra que pai
sai, pai.

pai vagando
carregando correntes
fantasma de alguém que nem viveu
embuste de fantasma
pai de dar dó

no eterno intervalo de uma ópera de ato único
pai vírgula sem vocativo
fincado na remota fábula

(amalgamados no mar da almada,
na rede, na gemada),

pai mutilado coagulado crostado seco.

vibra o telefone
revém o vocativo
e a fábula se cumpre:

, pai

som
do sino
de madeira.
no terceiro sinal
as luzes se apagam

é só uma nota longínqua,
mas já não preciso
prender mais o ar,
posso morrer:
posso viver.

tenho
minha
senha.

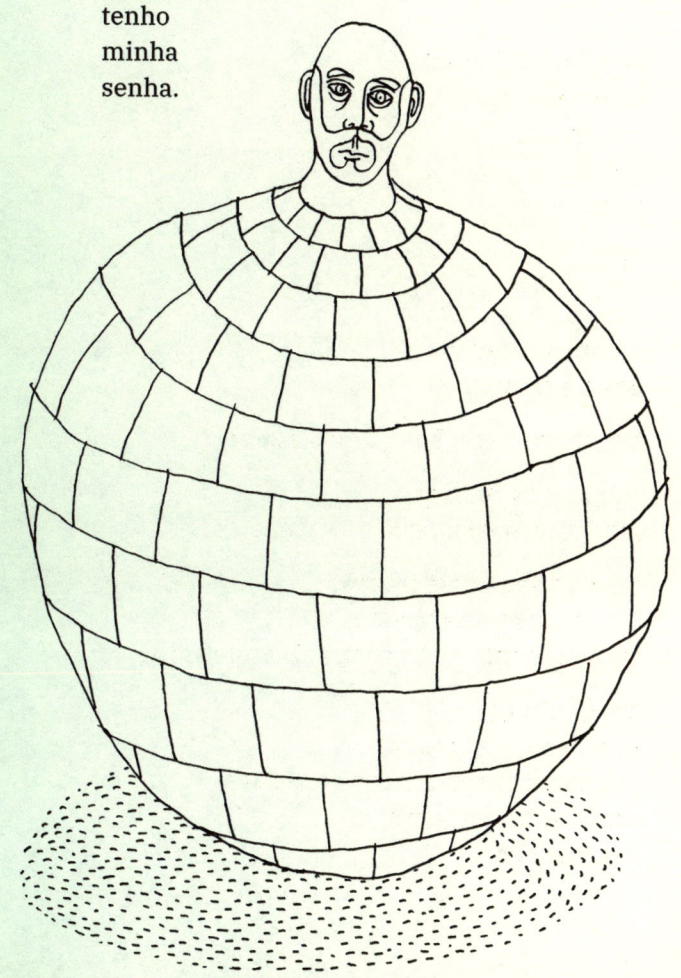

barcaça

sandra singra a borrasca,
a dor amarga e drástica
grudada ao mastro
de sua barcaça
de casca de cacau.

e quando a borrasca cansa,
quando o dragão sangra,
quando estia a lágrima
da esgrima épica

de quem são esses pés
a dançar no convés?

não, já te disse,
nada de mau
vai naufragar
a barcaça
de cacau.

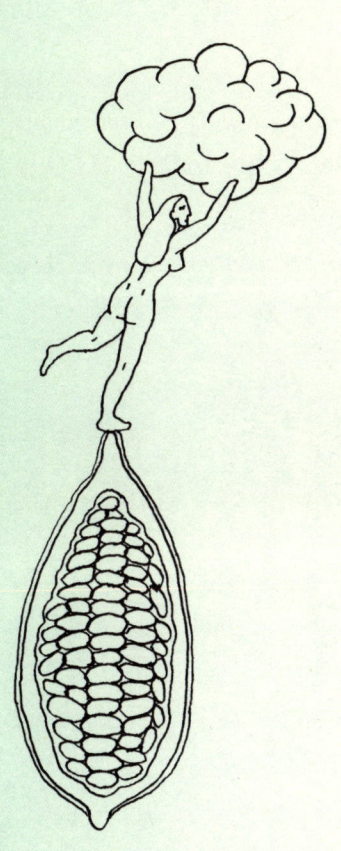

húmus

se ficar encarcerado no éter
vira veneno, vira tristeza.
amor é pra ser mastigado com língua, dentes, saliva
amor tem cheiro de bicho.
amor sangra, como bicho sangra —
até planta sangra.
amor não é iguaria que se guarda pra depois —
nem as formigas guardam pra depois,
nem elas.

vem, é um gesto
rente como hálito
quente feito húmus
vivo qual o voo intacto
da libélula.

vem.

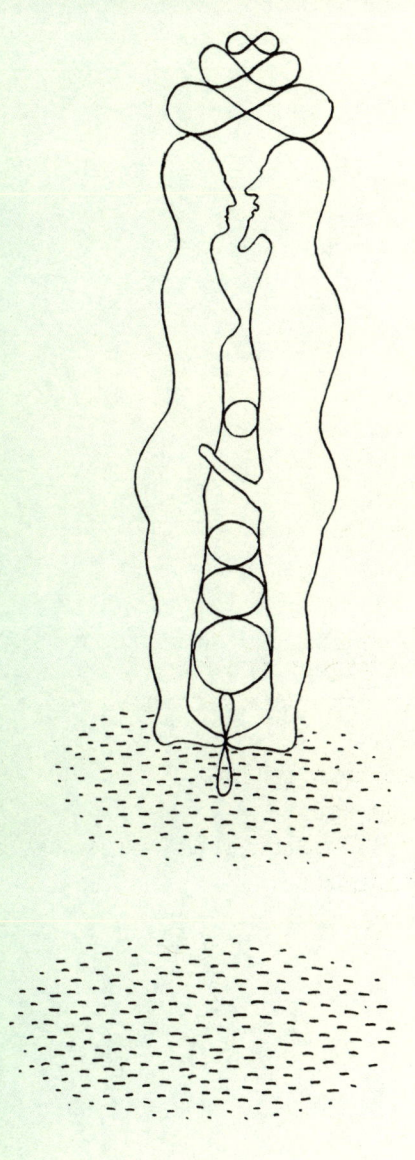

gol

meu amor e eu
todo dia nos beliscamos
pra confirmar
se a vida sonhada é mesmo deste mundo,
embora isso não faça a menor diferença.

meu amor e eu somos unânimes,
sem ousar uma palavra,
em que o dia é inconcebível
a não ser por essa saudade
latejante viscosa

porque quando meu amor e eu
juntamos nossa pele
o mundo — qualquer mundo — vem abaixo:
aurora boreal
gol no pacaembu.

ESTADIO

MUNICIPAL

íngreme

hoje estive cinzento
soldado de chumbo
em íngreme passo ignorando
minha fragilidade.

pedi licença às ternuras
e também às caras neutras,
margens da minha solenidade
vazia
(ou repleta de antissentimentos,
últimos sinais de um coração frouxo
homenageado).

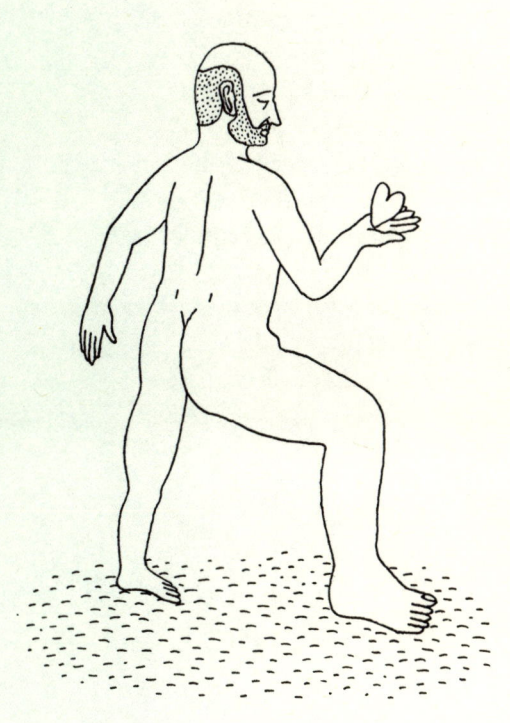

pacote

nasci
num desses dias tristes de agosto
em são paulo
ávido e trôpego
sou uma caricatura
não me reconheço no espelho
uma criança entediada
contorcendo os músculos
uns contra os outros
contorcendo o raciocínio também
para suportar o insuportável
sabe o que é tentar esquecer
até que o tempo passe?
e a astrologia de botequim vem me dizer
que me acho
a última bolacha do pacote

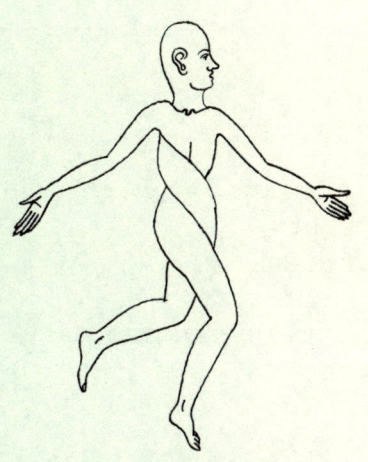

menina das cores

ela cora
de vigor
e de gosto
adora
nomear cores
desnudar nomes
devorar a desnudez
gozar sem decoro o pleno devoro
colorir — até quase além do cúmulo —
o gozo que se impõe
maiúsculo
e a faz menina
cor absoluta
só sim

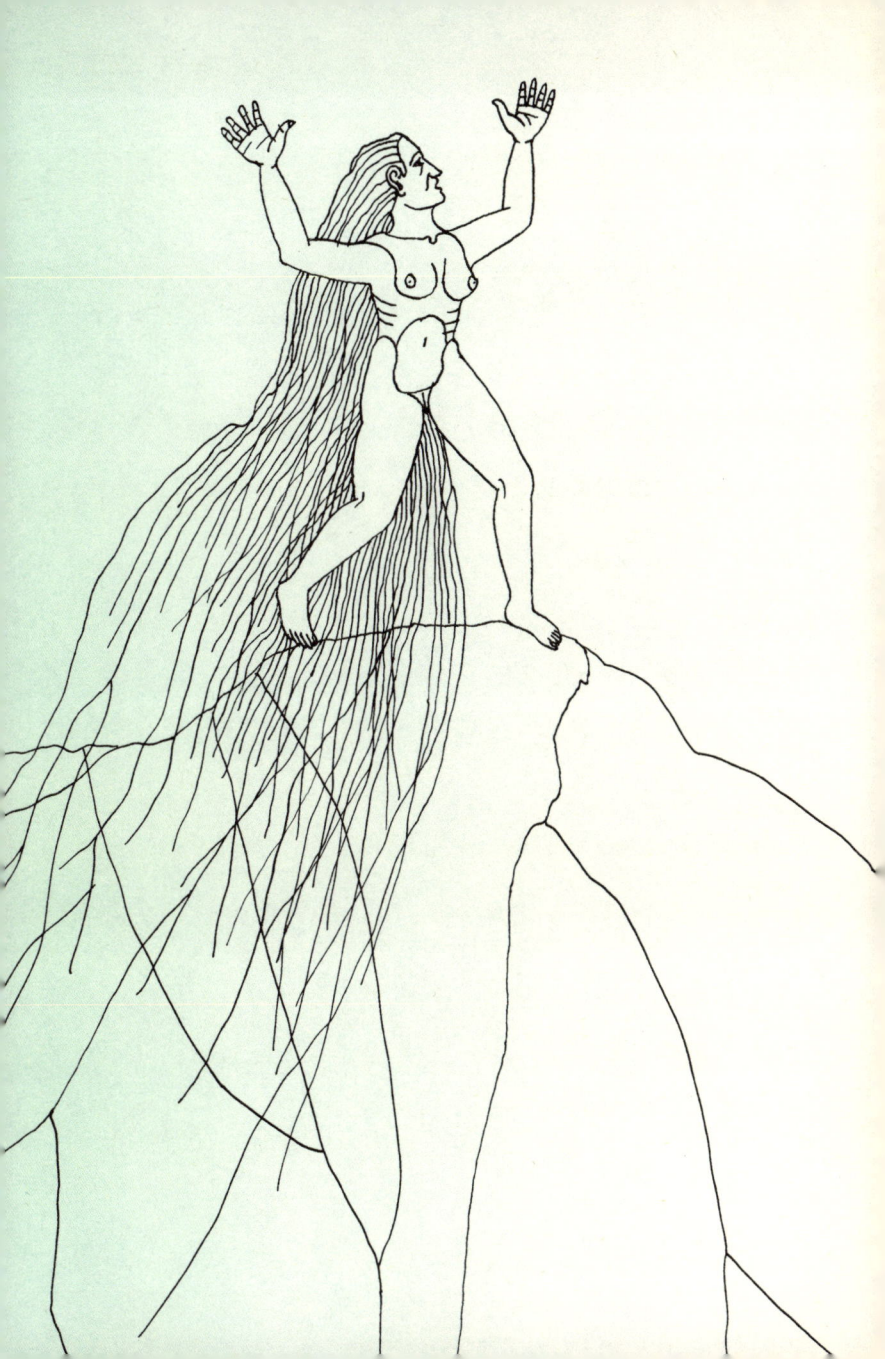

que conste também

vão poder dizer
em bom som, sem vacilar,
que amei, vivi, cantei.

ensinei algumas coisas,
poucas

mas me omiti demais

(exceto quando
o polícia
quis arrancar o pedreiro
do bar em que tomávamos
nossa cachaça:

sem identidade.

chamei o polícia,
olhei nos olhos,
disse
que isso
não estava na lei.

silêncio.

ele disfarçou
e saiu.

o pedreiro retomou sua cachaça
em paz.

não sei seu nome
talvez esteja morto
ou tomando maria louca
a preço de ouro
ou de sevícias
em alguma
tenebrosa
masmorra
deste país.

mas se eu não estivesse lá

se não tivesse me intrigado com o assunto
numa das digressões fascinantes
do professor flavio

ou se tivesse
como de hábito
me omitido

esse homem
sem identidade
não teria chegado em casa
aquela noite.

pelo menos essa
coragem
pequena e passageira
pode constar).

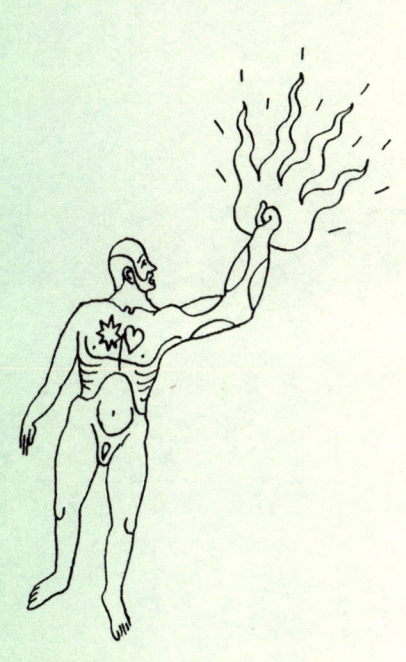

canção amarela

enfim me enfiei
no que é de direito
ser gauche na vida
ser guache na tela
soprar a ferida
transpor a janela
meu tempo, meu jeito
ser vento na vela.

sabor que inventei
por dentro do sangue
suando a vidraça
feijão na panela
dançando descalça
no chão da favela
direto do mangue
canção amarela.

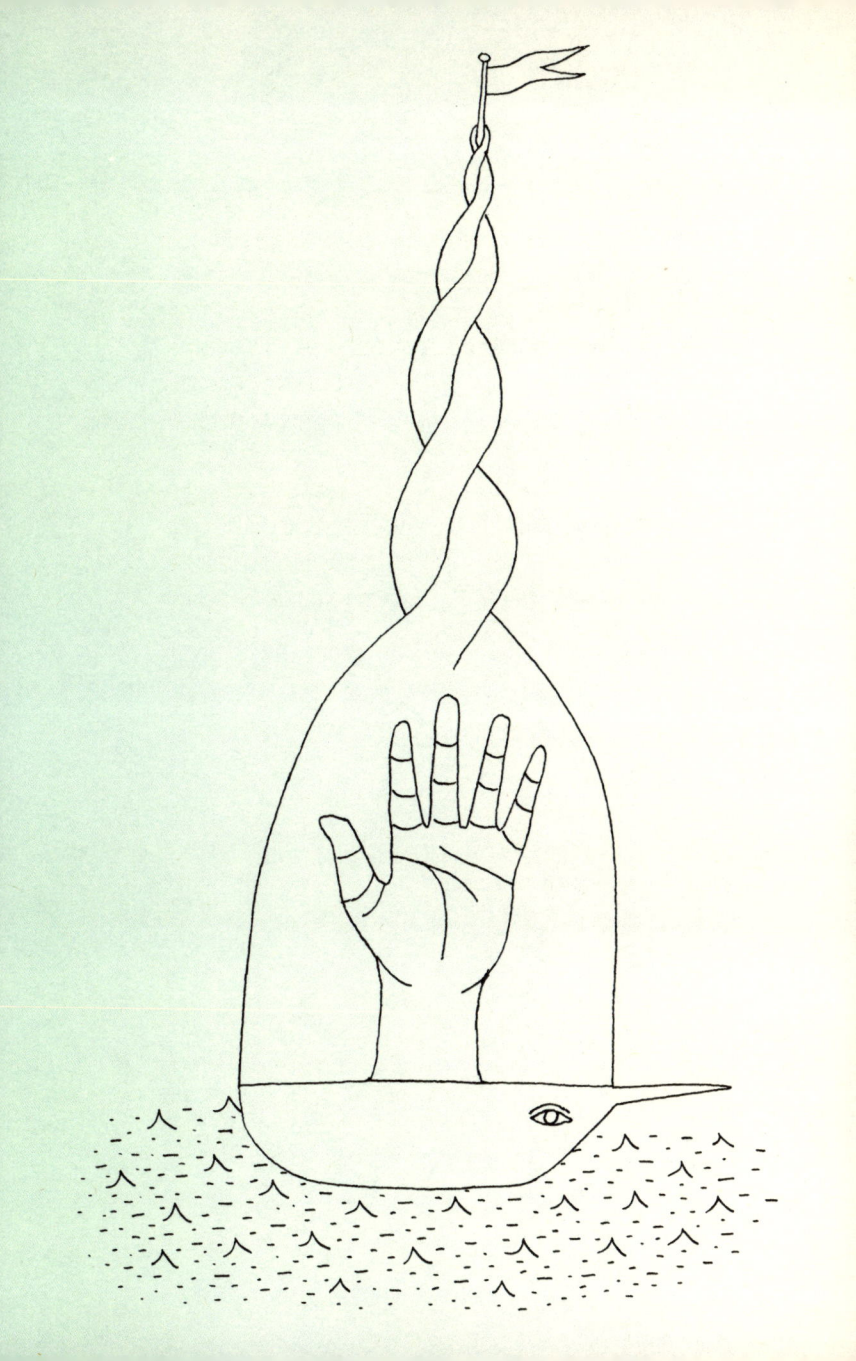

marielle franco e os atiradores

acontecem existências
que resumem tudo.
tornam todo o resto
um ruído triste e irritante.

morreu uma divindade.
morreu na guerra.
na guerra que nos resume.
que torna estúpido e irrisório falar
de qualquer outro assunto.
os assuntos se esgotam nela.

impossível
cada palavra que cabia
na boca franca de marielle franco
ter mais cabimento
do que na boca de marielle franco.
o luto é de cada palavra
que cabia na boca de marielle.
o luto é do próprio
gesto de fogo
que cabia na alma dela.

todos os que concordam com isso
ou com qualquer outra coisa
são ridículos
diante de tamanha grandeza.
somos ridículos,
somos ínfimos.

o único consolo
do brilho do fogo
é termos olhado para ela,
mesmo tarde demais.

o fogo dela.
o fogo que não acabou com ela.

enquadramento

realço o ipê-amarelo em plena rua,
justo porque é no meio da rua,
e imediatamente é como não houvesse a rua,
os fios, os postes,
a calçada estreita e bruta
que confina o aleijado
e os passantes que desviam da sua perna
mal coberta pela manta fuliginosa
e certamente fétida
assim como o colchão ralo
dobrado e amarrado
encostado no muro.

vejo o ipê, porque é setembro,
e o olhar é uma câmera
nas mãos de um incógnito diretor de cena
que preza a beleza
e que só uma vez, na adolescência,
soube o que é dormir na rua.

não soube.

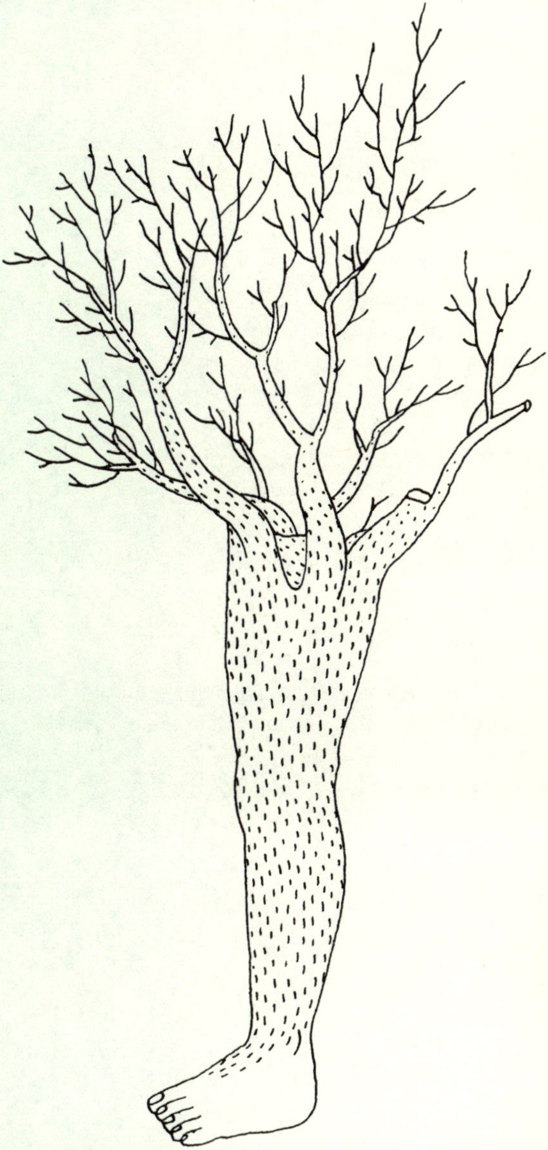

lá
—

na bicicleta
tento a reta
entre as faixas
amarelas.

vejo que a reta só é real,
só é possível
ao fundo, onde se funde,
onde ela e sua ideia
se confundem.

se olho para o chão imediato
— aqui, onde a reta é espessa;
ali, onde vou passar —
resvalo, o equilíbrio escapa,
parece que bebi.

mas se estendo o olhar adiante,
lá aonde a reta garante que vai,

                recupero
                    o
                  zero
             — ausência —
          que me empresta
            frágil-nítido
                prumo.

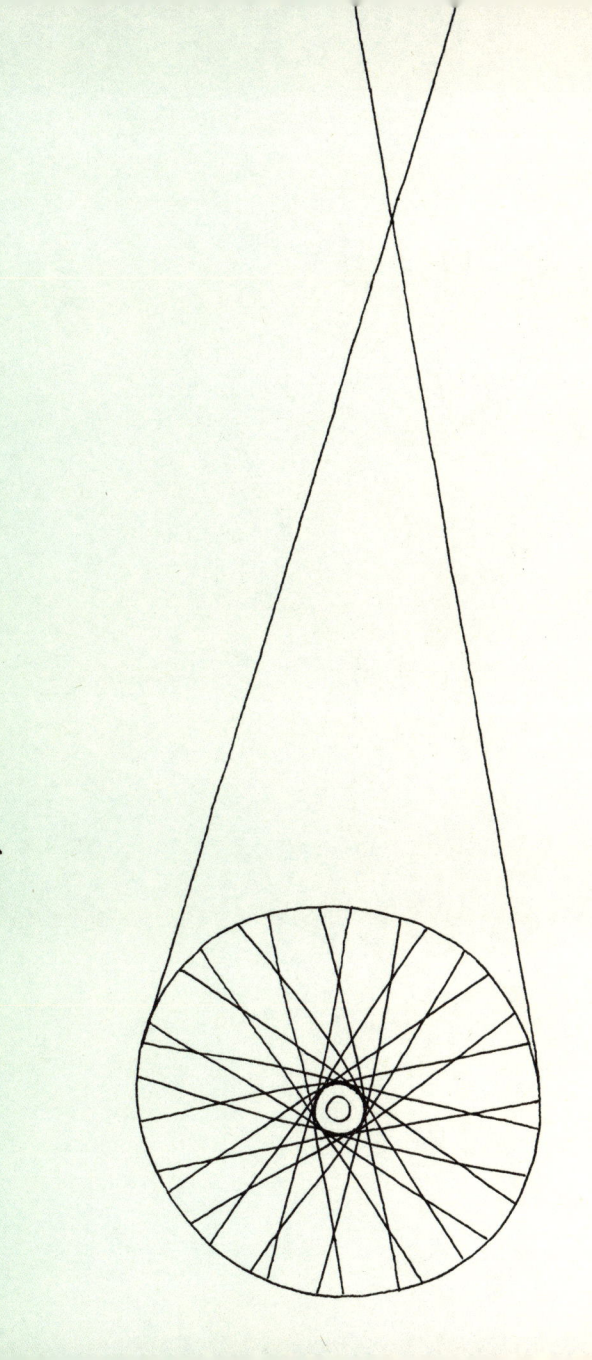

bico da noite

lago garças lua
brinco no galho flutua
olhar continua

aromática
---

cheiro de curral
gosto de cabeludinha

cheiro de barro liguento
gosto de jatobá
(e vice-versa)

cheiro de lápis novo
gosto de emulsão scott

cheiro de válvula quente
gosto de pudim de pão

cheiro de sapólio no mármore
gosto de balas soft

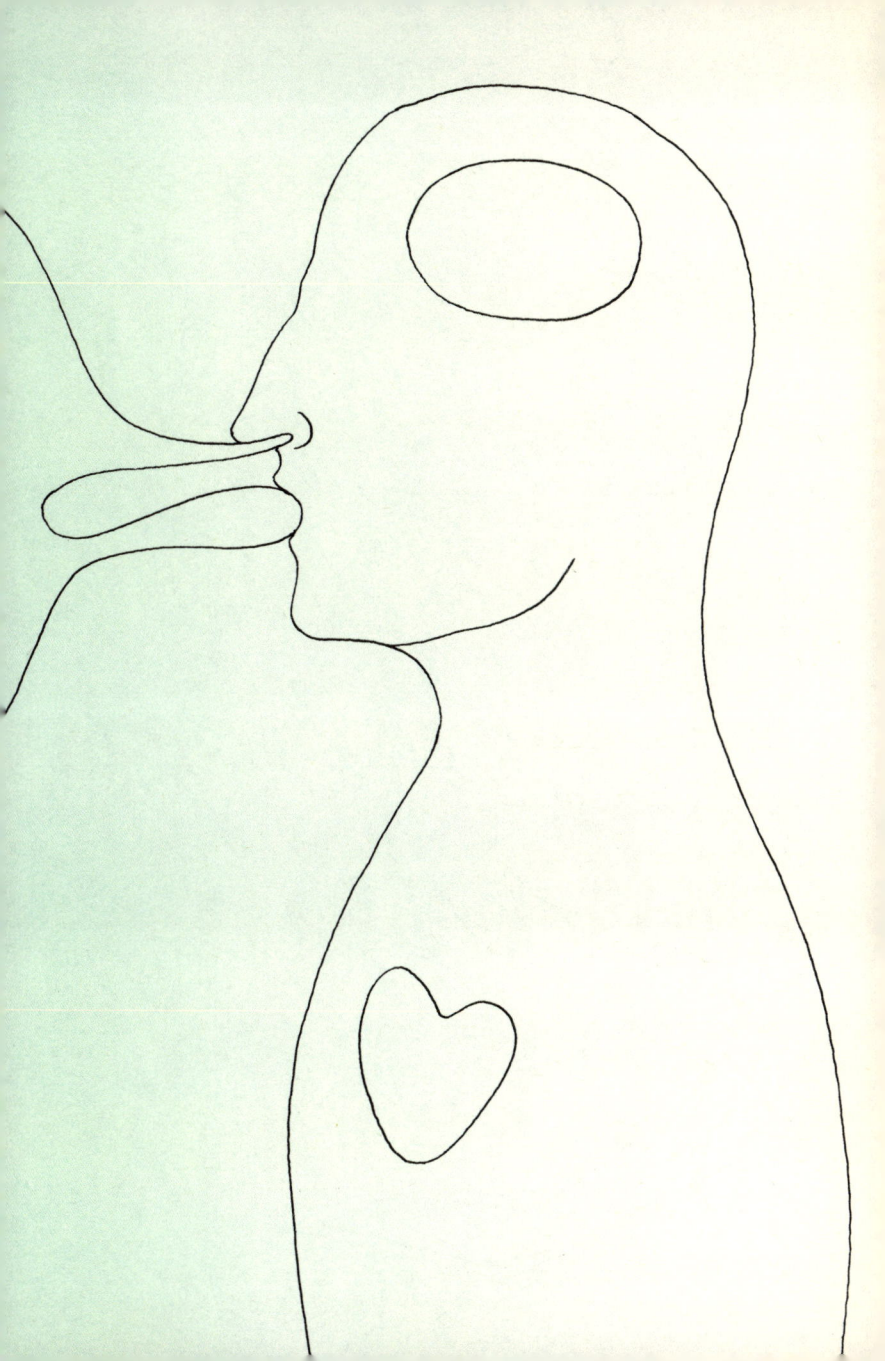

sununga
---

hoje vi cumes
da discórdia
dos mares

estilhaços
em voo
organizado
rumo adentro do seco.

toda roupa
foi pouca
todo passo
foi polka

para enfrentar
o vento embebido
das profundezas

cartas, como adagas,
mal recolhidas,
relançadas
(por algum mago
entre as algas)
indagavam:
agora?

cisma

o sapo que dialogou fluentemente
com a flauta de hermeto pascoal
não está só.

elefantes consolam
com carinhos suaves
companheiros aflitos.

corvos relacionam conhecimentos
para resolver problemas novos.

golfinhos se chamam pelo nome
e fazem sexo por prazer.

macacos mergulham
em pensamentos profundos
insondáveis.

de cães nem é preciso dizer nada.

mulheres e homens
cismam se as coisas —
todas as coisas —
um dia tiveram
começo.

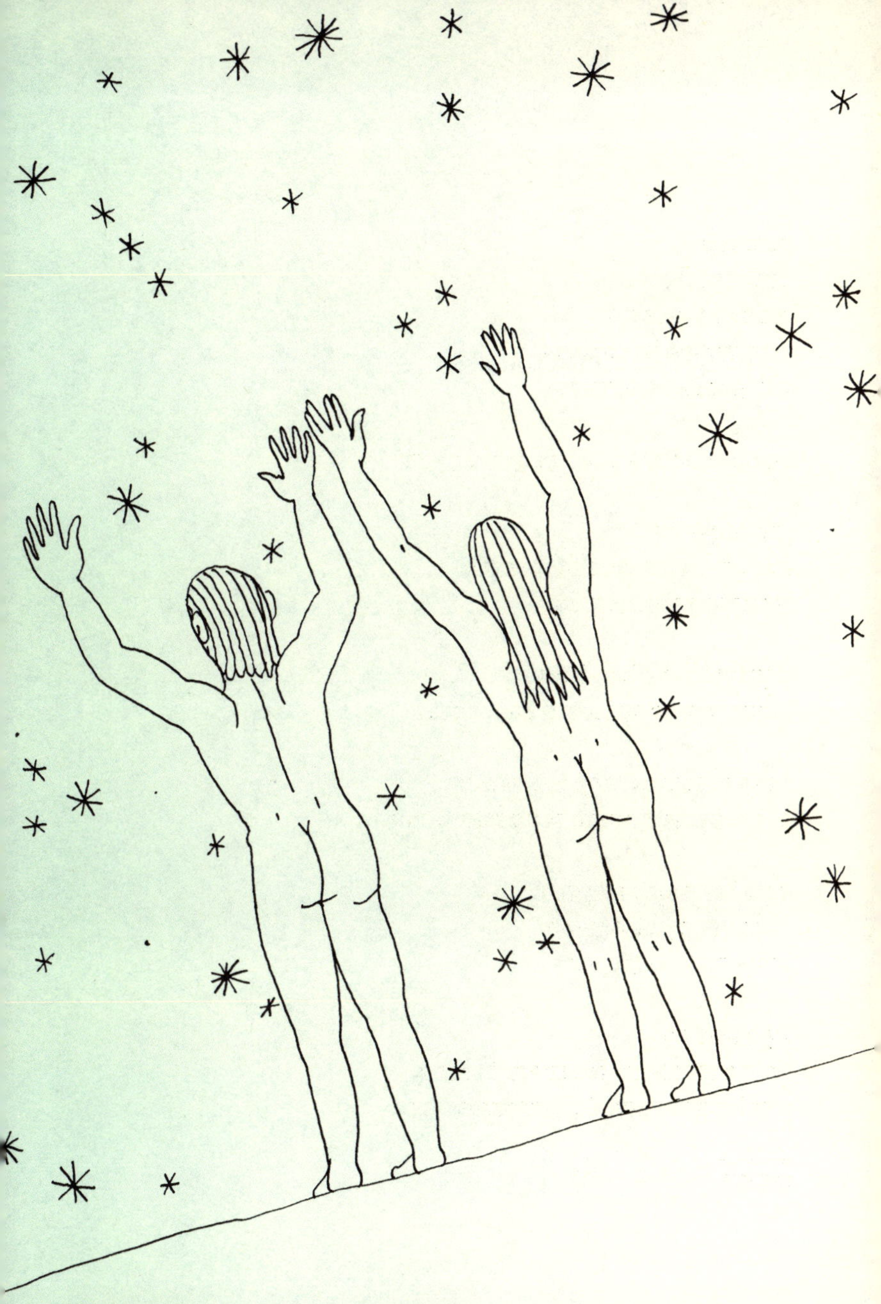

impássivel

água corre, se revolta, pula e se espatifa
e a cachoeira nem desmancha
o penteado

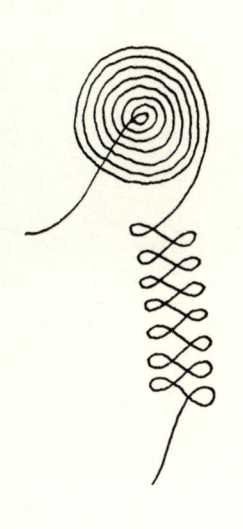

poetphone

eu dito
AMOR
ele digita
I'M MORE

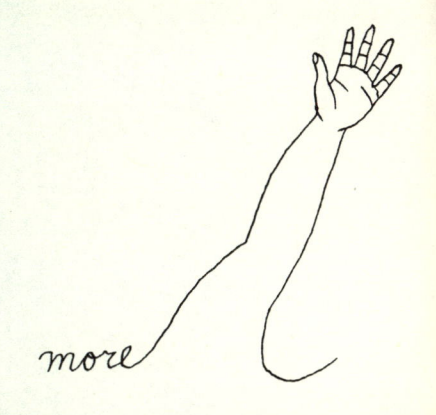

more

reverta

reverta
reverta: o atrever
reverta o reler: o atrever
reverta o reler. esse reler: o atrever
reverta o reler, esse rodador. esse reler: o atrever
reverta o reler, esse rodador, mirim rodador. esse reler: o atrever
reverta o reler, esse rodador mirim, somos mirim rodador. esse reler: o atrever